Dieses Tankbuch gehört:

Name

Adresse

Telefon

Fahrzeugdaten:

Kennzeichen

Marke

Modell

Baujahr

Gekauft am

Datum	Tankstelle	Kilometerstand	Trip

Notizen ✏️

Liter getankt	Preis Je Liter	Gesamtbetrag	Ø-Verbrauch je 100 KM

Datum	Tankstelle	Kilometerstand	Trip

Notizen ✏️

Liter getankt	Preis Je Liter	Gesamtbetrag	Ø-Verbrauch je 100 KM

Datum	Tankstelle	Kilometerstand	Trip

Notizen ✏

Liter getankt	Preis Je Liter	Gesamtbetrag	Ø-Verbrauch je 100 KM

Datum	Tankstelle	Kilometerstand	Trip

Notizen ✏

Liter getankt	Preis Je Liter	Gesamtbetrag	Ø-Verbrauch je 100 KM

Datum	Tankstelle	Kilometerstand	Trip

Notizen ✏

Liter getankt	Preis Je Liter	Gesamtbetrag	Ø-Verbrauch je 100 KM

Datum	Tankstelle	Kilometerstand	Trip

Notizen ✏

Liter getankt	Preis Je Liter	Gesamtbetrag	Ø-Verbrauch je 100 KM

Datum	Tankstelle	Kilometerstand	Trip

Notizen ✏

Liter getankt	Preis Je Liter	Gesamtbetrag	Ø-Verbrauch je 100 KM

Datum	Tankstelle	Kilometerstand	Trip

Notizen ✏️

Liter getankt	Preis Je Liter	Gesamtbetrag	Ø-Verbrauch je 100 KM

Datum	Tankstelle	Kilometerstand	Trip

Notizen ✏

Liter getankt	Preis Je Liter	Gesamtbetrag	Ø-Verbrauch je 100 KM

Datum	Tankstelle	Kilometerstand	Trip

Notizen ✏️

Liter getankt	Preis Je Liter	Gesamtbetrag	Ø-Verbrauch je 100 KM

Datum	Tankstelle	Kilometerstand	Trip

Notizen 🖉

iter getankt	Preis Je Liter	Gesamtbetrag	Ø-Verbrauch je 100 KM

Datum	Tankstelle	Kilometerstand	Trip

Notizen ✏️

iter getankt	Preis Je Liter	Gesamtbetrag	Ø-Verbrauch je 100 KM

Datum	Tankstelle	Kilometerstand	Trip

Notizen ✏

Liter getankt	Preis Je Liter	Gesamtbetrag	Ø-Verbrauch je 100 KM

Datum	Tankstelle	Kilometerstand	Trip

Notizen ✏

Liter getankt	Preis Je Liter	Gesamtbetrag	Ø-Verbrauch je 100 KM

Datum	Tankstelle	Kilometerstand	Trip

Notizen ✏

iter getankt	Preis Je Liter	Gesamtbetrag	Ø-Verbrauch je 100 KM

Datum	Tankstelle	Kilometerstand	Trip

Notizen ✏

Liter getankt	Preis Je Liter	Gesamtbetrag	Ø-Verbrauch je 100 KM

Datum	Tankstelle	Kilometerstand	Trip

Notizen ✏

Liter getankt	Preis Je Liter	Gesamtbetrag	Ø-Verbrauch je 100 KM

Datum	Tankstelle	Kilometerstand	Trip

Notizen ✏

iter getankt	Preis Je Liter	Gesamtbetrag	Ø-Verbrauch je 100 KM

Datum	Tankstelle	Kilometerstand	Trip

Notizen ✏️

Liter getankt	Preis Je Liter	Gesamtbetrag	Ø-Verbrauch je 100 KM

Datum	Tankstelle	Kilometerstand	Trip

Notizen ✏️

Liter getankt	Preis Je Liter	Gesamtbetrag	Ø-Verbrauch je 100 KM

Datum	Tankstelle	Kilometerstand	Trip

Notizen ✏️

iter getankt	Preis Je Liter	Gesamtbetrag	Ø-Verbrauch je 100 KM

Datum	Tankstelle	Kilometerstand	Trip

Notizen ✏

Liter getankt	Preis Je Liter	Gesamtbetrag	Ø-Verbrauch je 100 KM

Datum	Tankstelle	Kilometerstand	Trip

Notizen ✏

Liter getankt	Preis Je Liter	Gesamtbetrag	Ø-Verbrauch je 100 KM

Datum	Tankstelle	Kilometerstand	Trip

Notizen ✏

iter getankt	Preis Je Liter	Gesamtbetrag	Ø-Verbrauch je 100 KM

Datum	Tankstelle	Kilometerstand	Trip

Notizen ✏

Liter getankt	Preis Je Liter	Gesamtbetrag	Ø-Verbrauch je 100 KM

Datum	Tankstelle	Kilometerstand	Trip

Notizen ✏️

Liter getankt	Preis Je Liter	Gesamtbetrag	Ø-Verbrauch je 100 KM

Datum	Tankstelle	Kilometerstand	Trip

Notizen ✏

iter getankt	Preis Je Liter	Gesamtbetrag	Ø-Verbrauch je 100 KM

Datum	Tankstelle	Kilometerstand	Trip

Notizen ✏

Liter getankt	Preis Je Liter	Gesamtbetrag	Ø-Verbrauch je 100 KM

Datum	Tankstelle	Kilometerstand	Trip

Notizen ✏️

Liter getankt	Preis Je Liter	Gesamtbetrag	Ø-Verbrauch je 100 KM

Datum	Tankstelle	Kilometerstand	Trip

Notizen ✏️

iter getankt	Preis Je Liter	Gesamtbetrag	Ø-Verbrauch je 100 KM

Datum	Tankstelle	Kilometerstand	Trip

Notizen 🖉

...iter getankt	Preis Je Liter	Gesamtbetrag	Ø-Verbrauch je 100 KM

Datum	Tankstelle	Kilometerstand	Trip

Notizen ✏

iter getankt	Preis Je Liter	Gesamtbetrag	Ø-Verbrauch je 100 KM

Datum	Tankstelle	Kilometerstand	Trip

Notizen ✏

iter getankt	Preis Je Liter	Gesamtbetrag	Ø-Verbrauch je 100 KM

Datum	Tankstelle	Kilometerstand	Trip

Notizen ✏️

Liter getankt	Preis Je Liter	Gesamtbetrag	Ø-Verbrauch je 100 KM

Datum	Tankstelle	Kilometerstand	Trip

Notizen ✏

Liter getankt	Preis Je Liter	Gesamtbetrag	Ø-Verbrauch je 100 KM

Datum	Tankstelle	Kilometerstand	Trip

Notizen ✏

Liter getankt	Preis Je Liter	Gesamtbetrag	Ø-Verbrauch je 100 KM

Datum	Tankstelle	Kilometerstand	Trip

Notizen ✏

Liter getankt	Preis Je Liter	Gesamtbetrag	Ø-Verbrauch je 100 KM

Datum	Tankstelle	Kilometerstand	Trip

Notizen ✏

iter getankt	Preis Je Liter	Gesamtbetrag	Ø-Verbrauch je 100 KM

Datum	Tankstelle	Kilometerstand	Trip

Notizen ✏️

iter getankt	Preis Je Liter	Gesamtbetrag	Ø-Verbrauch je 100 KM

Datum	Tankstelle	Kilometerstand	Trip

Notizen 🖉

Liter getankt	Preis Je Liter	Gesamtbetrag	Ø-Verbrauch je 100 KM

Datum	Tankstelle	Kilometerstand	Trip

Notizen ✏

iter getankt	Preis Je Liter	Gesamtbetrag	Ø-Verbrauch je 100 KM

Datum	Tankstelle	Kilometerstand	Trip

Notizen ✏️

iter getankt	Preis Je Liter	Gesamtbetrag	Ø-Verbrauch
			je 100 KM

Datum	Tankstelle	Kilometerstand	Trip

Notizen 🖉

Liter getankt	Preis Je Liter	Gesamtbetrag	Ø-Verbrauch je 100 KM

Datum	Tankstelle	Kilometerstand	Trip

Notizen 🖊

iter getankt	Preis Je Liter	Gesamtbetrag	Ø-Verbrauch je 100 KM

Datum	Tankstelle	Kilometerstand	Trip

Notizen ✏️

Iter getankt	Preis Je Liter	Gesamtbetrag	Ø-Verbrauch je 100 KM

Datum	Tankstelle	Kilometerstand	Trip

Notizen 🖉

.iter getankt	Preis Je Liter	Gesamtbetrag	Ø-Verbrauch je 100 KM

Datum	Tankstelle	Kilometerstand	Trip

Notizen ✏️

iter getankt	Preis Je Liter	Gesamtbetrag	Ø-Verbrauch je 100 KM

Datum	Tankstelle	Kilometerstand	Trip

Notizen ✏️

...ter getankt	Preis Je Liter	Gesamtbetrag	Ø-Verbrauch
			je 100 KM

Datum	Tankstelle	Kilometerstand	Trip

Notizen 🖉

Liter getankt	Preis Je Liter	Gesamtbetrag	Ø-Verbrauch je 100 KM

Datum	Tankstelle	Kilometerstand	Trip

Notizen ✏️

iter getankt	Preis Je Liter	Gesamtbetrag	Ø-Verbrauch je 100 KM

Datum	Tankstelle	Kilometerstand	Trip

Notizen ✏️

...ter getankt	Preis Je Liter	Gesamtbetrag	Ø-Verbrauch je 100 KM

Datum	Tankstelle	Kilometerstand	Trip

Notizen ✏

Liter getankt	Preis Je Liter	Gesamtbetrag	Ø-Verbrauch je 100 KM

Datum	Tankstelle	Kilometerstand	Trip

Notizen ✏️

iter getankt	Preis Je Liter	Gesamtbetrag	Ø-Verbrauch je 100 KM

Notizen ✏

www.ingramcontent.com/pod-product-compliance
Lightning Source LLC
Chambersburg PA
CBHW070802220526
45466CB00002B/512